COLEÇÃO LIMÃO VERDE

© 2023, Eduardo Valmobida

Todos os direitos desta edição reservados
à Laranja Original Editora e Produtora Eireli

www.laranjaoriginal.com.br

Edição: Renata Py
Projeto gráfico: Yves Ribeiro
Revisão: Douglas Mattos
Produção gráfica: Bruna Lima
Fotografia do autor: Rogério Bettoni
Imagem da capa: Clarice Panadés

```
Dados Internacionais de Catalogação na Publicação (CIP)
            (Câmara Brasileira do Livro, SP, Brasil)

    Valmobida, Eduardo
       Sede / Eduardo Valmobida. -- São Paulo : Laranja
    Original, 2023. -- (Coleção limão verde)

       ISBN 978-65-86042-86-3

       1. Poesia brasileira I. Título. II. Série.

 23-176896                                      CDD-B869.1
            Índices para catálogo sistemático:

       1. Poesia : Literatura brasileira    B869.1

    Cibele Maria Dias - Bibliotecária - CRB-8/9427
```

sede

eduardo valmobida

LARANJA ● ORIGINAL

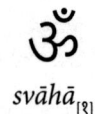
svāhā[१]

[१] Oblações a tudo aquilo que precede a fala, tanto a intenção do ato, como o ato em si e o momento em que encontra *princípio*.

Também assim escorre a água sobre a cabeça, e de seu movimento é feita a oferenda. Bênção.

Oferta de tudo aquilo que não se tem e o que mais a imaginação faz brotar.

Dos frutos, quem saberá o sabor?

Entrega. Até que, de si, só resta o nome.

Calcular não a carga, mas a força que será necessária para prosseguir. E, compreendendo a própria fraqueza, dizer: "sim".

Em uma tradução, "fácil de ser obtido ou realizado":

É a jornada do sangue pelas suas veias
> do fôlego pela boca
>> se entregando ao silêncio
>>> e ao sOm.
>>>> vai

–*svāhā* | स्वाहा

6.13.1 *"— Essa pedra de sal, põe na água e vem aqui sentar-te comigo amanhã cedo", e ele assim o fez. Disse-lhe seu pai: "— Se de noite tu puseste a pedra de sal na água, vai agora apanhá-la".*
6.13.2 *Então, apalpando, ele não a sentiu, que dissolvera.*
"— Anda, toma um gole da beirada. Como sabe?"
"— Salgada."
"— Derrama fora um pouco d'água e vem aqui sentar comigo amanhã cedo", e ele assim o fez. E o sal estava ali. Disse-lhe o pai:
"— Tu decerto não vias o sal, mas lá estava ele".
—**Chāndogya Upaniṣad** [6.13.1-2][1]

não é da boca que nasce, mas é nela que a sede se manifesta. possível médium da expressão, é caminho para uma mentira, anuncia o som e, por ela, o sOm se manifesta. também pela boca se fisga *um peixe vivo*. a voz, em essência, é a foz da fala, e por ela corre o fluxo da criação para desaguar no oceano da palavra absoluta, *vāc*. ela flui por quatro instâncias:

> *a nascente eterna e inominável,*
> *dá princípio e leito à ideia.*

ela, que é a experiência da fala,
no leito do medo e da ousadia,
influi no mundo sua mentira.

> "*e*, então toma forma no intelecto,
> um afluente do conceito,
> uma confissão de si,
> ficção ou não."

—e a expressão verbal do pensamento, a foz que lhe dá contexto e qualidade, que escorre da linha para a vida com os mesmos olhos que miram uma face no espelho: você, que aceita, assim, o pacto de deixar que as palavras inundem sua mente e que a poesia transgrida sua lógica. assim, fluirão:

voz	...	..	.	11
evocação	....	...	..	50
fala	.....	....	...	61
invocação	......	.....	....	86
nome	....	......	.....	91
som	....	....	......	101

      e tudo será somente sOm:
        um elogio ao caos.

VOZ

[२]   Acalme-se.

Se corpo não possui. Se além do meu eu nada traz você à vida. Se pela palavra você é constituída, então existe. Sendo que perder-se é voltar a mim, não tenha medo. Do esquecimento você é a partícula que sobra da memória. Atravessando os olhos, é um gesto que grafa sons nos ouvidos, pois essa é a natureza dos sinais.

Sem contexto e conteúdo: é apenas intensão.

É, das palavras, ruído. Sem mim, você não faz sentido.

Ou ainda, porque minha mão se ergue em promessa:

    pode se acalmar.

Tudo há de ser o que deve.

Toda a água corre em direção ao oceano.

Porque é natural, é seu que tenha pressa.

Acalme-se também por isso.

Agora, não tenha medo.

    vai

—*ābhaya* | अभय

[३] A relação entre a obra e aquele que a ela se sujeita causa uma reação involuntária: o conteúdo da arte interage com todo o contexto que "eu" provém.

A realidade se eriça.

Como uma naja, levanta a cabeça, ameaça a imaginação, se prepara para destilar o veneno. E a sua reação é um turbilhão de dor e prazer.

Não há nada sob controle.

São ditas nove, como um sistema de *chakras*, variações da mesma matriz. Muito pode ser dito —e foi—, mas teoria, aqui, será somente teoria.

É preciso vivê-la para reconhecer uma das faces, e também essa é limitada. Dizê-la é ainda mais impossível.

A sina da poesia é tentar.

Como grandes sentimentos ou experiências, é intraduzível. Dela se aproxima apenas quem ousa atravessar o silencioso deserto de si. A arte, apenas as sandálias para tal jornada.

Não podendo contar do brilho da areia, nem do sal que se promete a um futuro inalcançável, também assim não é possível transmitir a doçura da fruta.

Sabor *sede* prazer
rasa é a manifestação da confluência:
o objeto de desejo e o ente desejante.
Assim, a ambos transforma
                            absolutamente.
A completude   do completo.

—*rasa*² | रस

[४]   Inda que não haja como interromper a função dos ouvidos, inda que com eles não se escute o mundo ao redor, mas outras coisas, segredos do silêncio, esta é a confissão primordial de si: tudo é linguagem.

A ela você tem sempre a liberdade de abandonar. Sem encantamento nem maldição. A própria consequência de estar no mundo. E não se fala apenas do som como barulho, mas como onda, que se quebra de encontro ao corpo e o ritmo dele assim altera.

Poderá entendê-lo de outra forma, mais cedo ou mais tarde, como é natural de tudo aquilo que é recoberto por pele, escama ou muco.

Aqui, se atente somente ao som que o encontro entre as letras e a habilidade da leitura produz. Sinta a oscilação do fôlego, saboreie o movimento da boca, se ilumine pelo espocar do significado na mente.

Tudo aquilo que pode ser dito ou concebido pela imaginação é também a própria água que se quebra na praia em sinfonia e ruído. sOm.

E o ressoar da sua mente, quando a ela são oferecidos contexto & conteúdo, faz-se a única realidade.

Pode. Então, fale.

—*vāc* | वाक्

[५] serenidade calma paz

—śāntiḥ śāntiḥ śāntiḥ | शान्तिःशान्तिःशान्तिः॥

a ela não darei nome,
apenas voz
e uma boca abundante
de sede e palavras.

será criada sem medo de si, ābhaya.[R]
ela, que desde sempre espreita em mim, terá voz e,
porque ela é a própria fala, me atravessará
neste momento de silêncio.

ela, sem tempo de manifestação e, portanto, sempre se
antecipando aos meus deslizes,
assumirá minha função.

ela, como eu, sem regras.
esta será sua maldição:
terá boca desejo sede.

poderia dar-lhe quaisquer coisas:
anseio por um corpo;
um paladar a buscar o gozo;
um abraço a acalentar a vida pulsando em si.

poderia. não vou.

a ela darei apenas a sede.
todas as águas do universo: eu.
toda palavra: onda de mim.

ela atravessará meu branco deserto
buscando provar a si o sumo, rasa,[3]
da própria existência.

ela, com sua língua
nebulosa esturricada lânguida,
umedecerá o calor dos próprios lábios,
mas nada lhe dará alento.

ela responderá ao meu chamado
porque minha palavra em tudo reverbera
e, dela, a potência mínima é a destruição.

do meu silêncio fluirá sua voz.
será indistinguível do oceano
e menor que qualquer respingo do caos.

abandonada à correnteza de si,

ela começa:

**o que vou dizer
a partir daqui?**

no *princípio* era o sOm
e a voz estava com ela
e a palavra era ela.
no *princípio*, ela estava com a deus.
tudo foi feito por meio dela
e por ela *nāda* se fez.

nascida dela, serei indistinguível.
assim como na foz não se sabe
o que é rio e o que é mar.

quando foi a última vez que aprendi uma palavra?

enuclear:
>extirpar; retirar o caroço ou o núcleo da coisa manga ideia; explicar; elucidar; esclarecer.

provocarei a ruptura do meu fôlego. mastigarei uma oração voraz. quero enuclear o meu nome e da manga de mim, quero chupar o caroço e saborear o silêncio. por *princípio*, sei que nele encontrarei o âmago da palavra exata que te invocará e nos unirá como carne e sumo, deliciosamente.

de ti farei banquete e oferenda.
hei de, em tempo, possuir-te por inteira.
os aromas do teu corpo me enaltecerão as narinas,
teus calos serão as pedras sob meus pés,
teus membros serão instrumentos,
tuas memórias, alimento para minha vocação:
>a voracidade.

>me saciarei da tua fúria
>e através de mim,
>já digerida pelos dias secos os dias ralos,
>serás alento e sOm.

teu pensamento, desfiando imagens que perfuram teus ouvidos, enfim, verterão lágrimas por ti e por mim, que agora tomo teu lugar. me darás de beber: alívio e ardor.

daqui por diante,
será minha sina sofrer
os arroubos da tua vida,
os refluxos da tua presença.
    devorando-te,
    não existirás mais.
    esqueça-te de ti.
    serei apenas eu:
        carne da tua carne,
        sangue da tua alegria,
        voz da tua palavra.
    minha boca contará tua história
        e atravessará a dúvida entre
        o medo e a vida
        que fluem do caos.

a dúvida tem sabor suave.
salgado,
não é mel a adoçar o sorriso,
não é vinho a brincar com ele,
não é manga a lambuzar os lábios.

da questão crua,
a palavra lapidada à exatidão
umedeceria meus lábios,
margem e lama seca
de um açude no sertão.

assim será:
    sob o ribombar da dúvida
    me inventarei aos lampejos,
    trarei o raio de uma nuvem de monção.
    na brancura desértica do papel,
    serei susto e sOm,
    até não temer mais.

começo pelo ferimento.

preservo minha sede de pensar nela para me livrar bem lentamente de uma densidade ausente. sem ter medo de errar, posso usar palavras diferentes, conceitos sutis, uma língua estranha em que uma palavra se desdobra num discurso, mas o conhecimento sempre será preestabelecido, como se aprendem as letras antes de se arriscar a ler palavras. mantenho a liberdade de usar tons suaves demais ao meu paladar e, mesmo sem plena compreensão, brincar com as palavras dando-lhes função. a intenção será apenas provocar em mim desejo suficiente para prosseguir.

para começar tenho que comentar o passado
ou posso falar do desejo como o conheço?
pressão constante sob a pele.
fera pateando na praia.

se quiser começo falando de nada, mas não convém.
estou aqui e não quero só balbuciar uma ideia,
      conceber seu conceito e dar-lhe o tom de coisa abstrata
      ou abjeta.
      meu mistério tem nome
      mas quem o diz, morre.

      morre?

antes de começar, tenho de me convencer a não escoar pelas
dúvidas, de mim
           não sou eco
           não sou reprodução
           não sou nascida
           não sou consequência
           não sou.

invento minha própria voz
com gosto gozo graça.

enquanto deus
é tabu.

quero contar sobre como eu nunca vou saber como é
    ter nascido
       em uma vila   de pescadores
                                    no sul da Índia.
    ser um pescador.

por um impulso que me é primordial,
esta voz, *vāc*,[ɤ]
desfia minha angústia num sonhado mistério,
invoca um outro alguém sem nome sem eco.

inda que não tenha importância,
tudo o que pode ser dito agora é *nāda*
até que algum significado seja atribuído
à boca que balbucia suas lamúrias e elegias.
mas mesmo uma invocação é só uma brincadeira sonora,
um floreio da realidade. uma mentira deliciosa à língua seca
pela realidade.

então, começo por ele, dando chance à imaginação ao barro
ao sonho, para que se manifeste por si:

"levanto do chão, preciso me preparar
desembrenharasredes
desembrenharas redes
desamarrar   as redes
desembrenhar   as   redes
no frio e quieto dessa hora:
boca seca   pouca água
abro bem os olhos
estalo os cílios contra o escuro
o fósforo, como a vida de um dia.
desfio   as redes
assim   mais rápido
assim   assim   mais rápido
assim   assim   assim   repito...

"o estômago, fino fio de cabelo,
a boca, faca afiada e ansiosa,
o corpo ribombando
instante a instante
chamando
o cru ao fogo
o calor a si.

"e se eu desse milagre a mantras e rezas,
contasse mentirinhas ininteligíveis ao universo,
balbuciasse meus sonhos,
ofendesse a realidade,
poderia trazer a paz de volta a mim?

eduardo valmobida

"amar foi o sumo da vida.
as palavras eram polpudas mangas maduras,
quase tão doces quanto meu olhar apaixonado.
a presença do amor era o próprio aroma do jasmim à noite,
fresco e langoroso,
como se um incenso sempre queimasse aos meus pés.
pensar nele era beber água num oásis.
pleno gozo e aleluia.

"é só o que quero:
invocá-lo a mim.
pedir-lhe a bênção,
jamais a salvação.
porque dele o que conheci
foi pura danação.

"como começar?

"o vasto, terra e céu
a glória, a opulência do agora,
que eu compartilhe o sal que me deste,
que o mar alimente sempre minha rede.
dai-me da vida o banquete
e dia a dia me nutrirei de Ti.
nesta hora mais escura
dá-me a Tua mão.

"Tu, nascente da minha sede,
alívio da minha mente,
tempestade do meu repouso.
Tu, nome do auspício,
intenso, permanente.
a Ti ofereço
minha voz
para que não haja dúvidas
de que amei e enlouqueci por amar a Ti.

"paz paz paz[4]
sOm

"que fome...

"funcionará? minha potência será a insistência do murmúrio.
chorava como criança à noite quando não há pão.
eu dormia pouco. a barriga doía de fome.
mas isso tudo acabou, olha só:
hoje vou vender todos os peixes.
será um dia bom mesmo.
não terei fome
não pensarei nele.
a falta dele me impele à busca vida ação.
querê-lo aqui. agora. como nunca antes foi,
mas depois dele, só será.

eduardo valmobida

"inda que dele só me sobre o arrepio do calor do seu corpo no meu.
seus cachos escorrendo pela face,
escondendo um sorriso secreto.
seu fôlego escoando pela boca entreaberta,
escorando no silêncio.
estar ali, lado a lado, era a glória.
a iluminação, uma dissolução.

"quando falo dele, tenho que tomar cuidado.
não quero recair no antes, rasgar a seda do seu nome. basta dizer: minha perdição e meu júbilo.
mas posso falar dele
porque palavras são o instrumento ideal
quando o objeto só está presente na imaginação.
frente a frente
não se pode dizer tudo o que se pensa
não se pode descrever com perfeição.
só errar.

"e errei.

"mas já me vinguei de mim.
ninguém nem sabia o que dizer, as pessoas passavam caladas,
os olhos estalados no meu rosto.
fofocavam: culpa.
não que alguém soubesse dar motivo,
não que alguém se dignasse a ouvir o lamento.
era minha culpa e ele não estava mais comigo

para alívio de ninguém.

"eu virei um cão. não dava para remendar mais nada.
rasguei minhas redes com os dentes, como uma besta
tivesse se embrenhado em mim e, percebendo sua prisão, se
arrebentasse, urrando urrando urrando.
diziam: enlouqueceu.
diziam: rompeu-se de si.
diziam: não.

"pensei mesmo que tinha chegado à hora definitiva.
eu fiquei só o som do meu nome, e ele não estava mais aqui
para dizê-lo.
busquei no vento o eco do seu chamado.
clamei por mim,
mas minha voz não bastou.

"existir era pó.

"procurei uns bons lugares para me agachar e esperar,
não queria dar muito trabalho para ninguém.
era mais fácil só ficar ali,
esperando que trouxessem a lenha e o fogo.
morreu de sede, diriam.
morreu de solidão, diriam.
era um cão, diriam.

"confesso:
eu fui mesmo um cão.

"e a tempestade veio
e deu fôlego ao meu nome
alento ao meu desespero
me entreguei à sua ausência:
dei-lhe morada,
dei-lhe de beber,
e ela sempre pediu mais.
então,
me lancei ao mar
mas até a boca do mundo
me cuspiu
para que eu contasse essa história."

comecei assim:
como quis.

      mas eu nunca serei um pescador
      porque estou fadada a mim
      sem saber de que me trato.
      sem um nome que me invoque.
      sem um corpo para dar ao toque.

então vou continuar por mim mesma, porque quero o meu momento do agora: vai. quero ouvir minha própria voz, como na infância se fazem perguntas apenas pela delícia da descoberta, pelo prazer de duvidar até saciar a dúvida. porque minha alquimia imanente é dissolver palavras, e o pensamento transcendental, grão de sal na minha boca.

darei o meu primeiro mergulho:

as memórias empilhadas, o mais vasto catálogo de ideias, enquanto me abandono ao escorrer do tempo procuro o fim do mundo. da louça protelo o batismo dos talheres maculados. ruge a fricção das nuvens. as ogivas celestes começam a cair. me faço em tempestade.

o úmido de mim me guiará por uma lembrança, ou inventará uma em que eu possa fluir. me contarei uma mentirinha fresca e, da dúvida, me embeberei por amor e horror. por vício mesmo.

minha dúvida é uma veste de seda a cobrir minha nudez. minha dúvida é uma nuvem encobrindo o azul do céu. minha dúvida me trespassa. o veneno das minhas palavras, o próprio sangue que pulsa em mim. e sob os torrões de lama seca de sol, o desejo úmido, fervilhando de vida.

e porque é de mim a potência à fala e a lavar a terra. torná-la fértil para que brote a ideia, forte, resistindo ao vento e à seca.

porque a fala me possui, é natural que eu dê vida a uma ideia
qualquer, como uma árvore:
>> carece de solo
>>>> adubo e água
>>>> sol e sombra.
>> a estrutura é
>>> a semente
>>>> a ser plantada
>>> a brotar
>> conforme o estímulo.
>> se brotar   vira broto
>>   e promete
>> se cuidar   cresce
>>   e prenuncia o fruto.
>>> do sumo nunca saberei o sabor.

por solo, tomarei minha mente. adubo serão as palavras dos outros. água e sol, apenas água e sol. o bulbo se fará ideia. a inspiração, o impulso de plantá-la. do meu querer depende o futuro da semente,
>> minha propensão a dar de beber
>> minha disposição à colheita
>> meu império de paciência

para vê-la brotar num dia de sol
e se esparramar em direção ao céu.
e então,

edificarei sua sombra.

sob essa árvore, *kalpavṛkṣa*,
meditará o monge
no caos que guia seu pensamento,
na aleluia que é a dissolução de si,
e desejará somente: desejar.

crio com a mesma boca que devora o santo,
com o sOm que nasce da língua dos sonhos:
>um delírio na sombra
>uma miragem sob o sol
>um eco da sua voz.

como se, primaveril, ela não habitasse também a seiva da árvore. como se, quando mordo o fruto, não fosse ela quem adoça meus lábios. e bebendo do sumo, não fosse ela o próprio conhecimento do bem e do mal. como se da minha boca só fosse possível dizer:

>deserto
>desejo
>deus

mas também nisso não encontrando prazer
busco no menos óbvio, no menos agradável,
uma solidão de mim que me diga uma palavra secreta
a rasgar o céu ou a tessitura do pensamento.

vasculho até o céu da boca, mas nada.

onde estão? qual buraco tapeei com aquelas coisas azuis? não sei descrevê-las muito bem. só consigo imaginá-las quando outros me falam das suas.

em mim, elas não têm forma, não foram designadas a nenhum papel, não resolvem nada, não têm nome, então ficam lá, em um canto tão qualquer que não consigo me lembrar de sua semelhança a mais nada de relevante. são como *um peixe vivo*. imanentes.

    dou-lhes cor como quem concede um título

                                      um túmulo.

    tateio o fundo da garganta para lhes dar som.

posso dizer:

1.   dado o dia ao sol, talheres pratos taças, aquelas mosquinhas tão inhas, reticências no vazio do ar. zombando:

    a. o dia nem começou;

    b. algo precisará ser dito.

2.   libertinagens com a minha boa-vontade, sorrir e acenar com a cabeça, um *namas* sutil, de praxe. esqueço-me do conceito de bondade

    Kālī repousa em mim

protege as próprias emoções
sustentando no rosto o sorriso do Buda.
eu também precisaria de ajuda.

3. quando me cobram coisas antes do meu tempo ou do tempo das coisas em si, porque elas também têm o momento de se desenovelarem sem esforço.
tudo assim se realiza por si, sob o véu da distração.
no tempo das coisas, elas chamam, convidam, já têm o tom da colheita, e, meus braços, prontos para botá-las nos devidos lugares.
mas se for assim, na pressa,
se perderão sempre.
a memória tem esse hábito de esconder algumas experiências de nós.

4. as coisas perdidas todas espalhadas. fora de ordem, fora do alcance, onde não deveriam estar, onde jamais elas poderiam estar.
o desleixo e o deixar ser das coisas conforme o corpo pede. sob a lei do mínimo esforço, as coisas coexistindo com as coisas outras fora do seu habitat.
coisas que têm caráter utilitário e, portanto, puramente temporário, sendo, na verdade, emprestadas de seus lugares para que exerçam suas realidades, mas para lá devem voltar o mais depressa possível, as coisas todas têm seus lugares e, fora deles,
as coisas

deixam de ser o que são realmente,
só coisas,
e se tornam
coisas-fora-do-lugar.
assim como,
apartada do útero da boca da deus,
sou apenas uma voz ecoando no deserto.

e

um peixe vivo

5. a minha incapacidade de ser só por mim mesma.
essa desvergonha de existir com tanta, mas tanta nojura das coisas, estabelecer sempre essa lonjura entre o eu e as coisas
 entre as coisas e as pessoas e eu
  esse recuado quase perceptível do corpo o tempo todo.
o corpo uma vírgula no mundo. nunca se entregar ou receber como um todo, se lambuzar. microgoles, instigando a sede, ou gigantes, afogando o mundo, nunca a vontade verdadeira de engolir a coisa com o corpo, nunca absorver o conceito ou sorver o sOm em pleno deleite.

 nunca aceitar possuir a coisa
 ou ser possuída pela emoção.

 como uma vírgula: sem som.

6.   o estagnado, o imóvel, o inóspito das pessoas. aquele ponto de ausência consciente. estar entregue ao desconfortável com aspectos de coisa decomposta. aquilo onde nem sede brota. o seco e turrão do peito das pessoas matando os nove lótus com um murmúrio emburrado. aquilo que não se move nem quando tem sede, mas reclama da sede.

      quando me toca
      não há teto suficiente a ser minuciado
      nada se dá ao anúncio da existência.
      ficar lá ali aqui
            enamorada do vazio.

7.   esse desequilíbrio que o olhar do outro me causa. não pelo olhar, mas porque expõe e dá foco ao meu existir. o suor na testa, o fervilhar da atenção. não ser só um deslize de imagem, uma marolinha se quebrando na praia, sem som, sem consequência.

      o trovão da presença
      da partilha de um segundo.
      quando dois pares de olhos se costuram
         e
         de súbito
         se rasgam.

8.   as palavras todas presas no fundo da língua, engasgando a ideia que precisa ser quebrada para ao menos ser exposta. e o

ato de mostrar a coisa, atravessar a ideia pelo mar de músculo cuspe muco, desmembrá-la para que passe pela boca da boca.

    a ideia que chega ao ouvido
    toda torta fragmentada malcuidada,
    grande demais para a anatomia do meu corpo.

9.   esse corpo que treme e sua e geme e sente fome e sente sede e compreende e se limita e se imita e se veste e cansa e estala ossos. esse corpo que só faz morrer.

10.   essa coisa azul e vasta, como o céu, que parece solidão, mas se instala e ora some. humilde como um pavão.

    que tem sede de si e se adensa na presença do outro, intolerante à nudez.

    a coisa que expulsa tudo aquilo que não é ela ou dela. essa coisa que não adianta pedir que se vá, que saia do meio do caminho. ela fica lá. lá. aqui. não quer soltar da minha mão.

    seus olhos, os mais honestos que já vi.

        como os de um cão.

        ou a serra

    sempre contemplando o mar
    e as ondas fazendo cócegas nos seus pés.

        nem um esgar. uma visagem. uma miragem.

11.   a impotência. olhar no fundo do olho do dia do momento do milésimo que é a lletra no meio da palavra. aquele l que passa duplicado e despercebido até que não se possa fazer nada a respeito. impresso no branco do ar.

12.   o descontrole. essa desregulagem que torna feroz a boca. os dentes que se escancaram em violenta vontade ânsia desejo libido pulsão pulsante pululante aguda agourenta agonizante, tão imparcial.

    o animal surdo que corre pelas veias.

    seus berros infinitos.

13.   a interrupção no pensamento, na fala, na troca, o trocadilho de palavras que é só um dedo da ideia. todo o resto do corpo lá, travado no titubeio. a palavra que não se completa porque não é transmitida e então fica pairando no ar entre dois pares de olhos. um peido de conceito.

    todo o trabalho mental e a musculação da boca para elaborar o sempre difícil e sempre mal-interpretável.

    vê-lo fadado ao titubeio.

    o sentimento

    e aquela mínima parcela de culpa

    que têm os astros,

    como uma promessa não cumprida.

14.   o excesso de mim. aquilo que se espalha. perfume barato, empesteando o ambiente. transbordada desmesurada impura. vomitando um monte de coisa que, olha, nem deveria

estar ali, essas sujeiras da minha mente que tento reconhecer recolher esconder.

    este excesso aqui,
    fermentando em mim,
    crescendo como massa de pão,
    sovado pelo fôlego.

15.   aquilo que se abandona à bondade. que assume primeiro a bondade em plenitude. só depois vê. grão a grão, a paciência pipocando no calor da convivência. essa cegueira de esperar que tudo seja feito para o bem. não considerar como possibilidade a astúcia do outro. desnudar-se com a maior naturalidade.

    beber de qualquer taça, porque qualquer gole é vinho e não pode jamais envenenar.

    se o cálice está vazio, fingir deleite.

    não questionar o sentimento expresso

                                  ou ausente

    e, portanto,
    suportar a sede.

16.   querer saber de tudo em mim.

    a.   entenda que haverá sempre o vazio. o *nāda*. *um peixe vivo*. entender com a cabeça, mas não com o corpo, o que se faz mais secreto depois que se olha sob o tapete;

b. nunca verás o fundo do fosso, só o que sai de lá por descuido ou vontade própria, e terás um fetiche por isso que sai;
c. um arrepio, grito da pele;
d. esse estranho animal que se debruça para fora e assusta. incompreendido, o animal em mim que se afoga na miragem, enquanto olho, estarrecida deslumbrada. o tigre libertado da jaula, corre.

17. por sede, beber até desta água.
mas, sendo minha ânsia a embriaguez,
saciar-me apenas com o amargor do vinho que não é meu.

18. saber que nada é absoluto. tudo é momentâneo e cada coisa azul é bem ela, não precisa ser outra. perdidas em mim, elas têm suas posições para sustentar coisas mais em cima, aquelas que preciso dizer com mais frequência. talvez as coisas azuis se percam por isso, para não deixar aquilo que tem nome se afundar na garganta. me sufocar com o não-dito.

para ter sempre
na ponta da língua
o nome da deus
e morrer com mel nos lábios.

falar é meu gozo, meu vício e minha ruína.
abarroto o sOm de significados sem utilidade.
me esmero em gastar a linha do tempo.
atentamente, me delicio em qualquer palavra.
sem conhecer a saciedade,
procuro um nome para a coisa última,
algo que lhe dê sabor e sal.

no pilão, a língua macerando
uma *masala* de pensamentos.

mas também quero falar daquilo que escoa pelas frestas da mente, que extrapola a barragem da prática e flui pela língua. projetos de vida pensamentos mentiras choramingos. quero sustentar, entre nós, o fluxo do sOm e vertê-lo em silêncio. até que um olhar sacie
ou derrame.

atenta, quero fazer da vida um rio a transbordar,
        fluir sobre os degraus dos *ghaṭs* da consciência,
        inundar os templos como incenso e respiração,
        em segredo, eternamente recitar teu nome,
        habitar teus salões de silêncio,
        me dissolver no teu vazio
        dizer: eu
        como se dissesse: tu

        ou amor.

do que em mim era mistério, cultivo o desejo fresco pelo teu nome:

no meu vazio projetarei imagens ocas.

suas cores serão gradações da mesma matriz. serão azuis, rubras e prateadas, como *um peixe vivo*.

os sons serão alusões às vozes de que me esqueço.

saborosas, variarão entre o salgado do beijo no pescoço, o doce do chegar em casa e o insosso do olhar no espelho.

em meditação, me perderei entre o último segundo da vigília e o primeiríssimo do sono.

não ficarei sóbria de mim,

medirei em piscadas a trava do susto:

mergulharei no horizonte onde a deus existe

no meu repouso, escutarei uma voz.

no futuro do meu fôlego

me darei a quem tiver o atrevimento

de me imaginar

me dar um nome

me perdoar.

evocação

tenho sede de existir.
quero causar deleite e ansiedade
quero estimular um orgasmo mental
fazer-me deliciosa como a palavra:
      manga

quero adoçar a língua e justificar o amargor da vida,
ver o vento se balançar nos galhos
a chuva de folhas cobrindo a terra,
contar quantos pássaros passam
roubar a fruta e, escondida,
torcer para que ninguém descubra meus dentes cheios de fiapos,
e meu profano contentamento:
      também eu sou capaz da destruição.

quero dançar, com a língua, o *tāṇḍava* divino.
também em mim se fará a noite mais escura do ano
e meus lábios formarão *mudrās* de bênção e provocação:

      mordendo a fruta e,
      seguindo a serpente,
      contarei uma mentira:

ele

quando encontrou em si o cansaço,
e decidiu que não praticaria mais a existência.
já havia passado o tempo em que todo vasto corpo d'água o chamava para um abraço profundo e final.
ah, teria sido tão kitsch.
seus pares diriam: imitou a inglesa. nenhuma revolução.
até aquele momento, não encontrara modo de deixar de ser como queria, tudo seria cópia, não um ato legítimo. então, continuava a pulsar. inda que oco.

por quantos anos viveu assim?
as coisas passavam diante de seus olhos, mas nada ele concebia como seu, portanto, a nada tentava possuir. com algum esforço, quebrou em si o desejo e, sem saber, cultivou a dor.

foi também esse um tempo de *tapas*. fizera seus sacrifícios sem ter consciência de que oferecia quase tudo de si. restou em seu corpo apenas um fiapo de fôlego fisgado na ponta do nariz. mais nada.

e
sem forças, sem ar.
até a sombra, um peso,
não se fez luz.

e
se perdeu
no mais perene de si:
o silêncio.

ali ficou por uns dois anos. como se meditasse no *nāda*.
lembra-se de morder uma maçã macia. mais nada.

sem cultivar nenhum pensamento, dava culto à própria mente. abria vastidões em si para que suas raízes se espraiassem, as impressões do mundo garoavam sobre a sua cabeça, os pensamentos obcecados envenenavam seu sangue. sua garganta ficou azul. não comia. mais nada.

ficou a cara da tristeza:
branco.
da finura de um papel.
mais nada.

até que, o grande susto: choraram por ele.

quem? não importa. de bruto disseram que tinha morrido e o vento carregava seu corpo à cova. estava fantasmático. dava medo.

o cão lhe mordeu a perna.
estava mesmo só o osso.

e o choro foi, do alto verão, o primeiro pingo
de monção, proclamando alguma promessa de glória, uma ressurreição, invocando na terra esturricada uma esperança.
finalmente olhou para si e, assim, *e* disse:

"inda que eu atravesse o rio da pureza e da morte,
não terei medo algum, porque Tu estás comigo;
a Tua palavra e a Tua presença me consolam.
preparas para mim um leito perante os meus pesadelos,
afagas os meus cabelos
meu cálice transborda.
certamente que a saudade e a discórdia me perseguirão
todos os dias da minha vida:
entregarei a Ti
todas as vidas do meu viver."

não disse "amém". disse:

"Om tat sat"

não se desfaria ali.

já vivera o monástico de si e nele descobrira também a obsessão. era hora de voltar à vida. ouvindo meu chamado, deu a si mesmo uma nova voz.

e disse a si:
"vai.
retoma teu fôlego.

"ao fechar os olhos
na iluminação por trás das pálpebras
no fluxo do teu respirar
na saliva que te umedece a língua
na vírgula da tua vida tens a transcendência
encontras a perfeição
o instante de concentração plena,
tão inato
que te passa despercebido:
respiras.

"inda que por um fragmento do tempo, alcançarás a
liberdade de não se atrelar a nada,
reconhecerás que:
tens sempre sede.

"inda que o silêncio perfure tuas retinas,
obstrua teus ouvidos, apague teu paladar,
restrinja os aromas nas tuas narinas,
tua pele não se calará.

"desejas. perpétuo.

"não há palavras, nem conceito ou contexto.
apenas ânsia pela essência amorfa de seres ti mesmo e não outro.
assim, te colocas em movimento e te dissolves
no fluir da existência.

"através de ti,
se desenovela mais uma das linhas
do tecido primordial
que é a potência de imaginar a si e ao outro
em perfeita comunhão.
urdindo o impossível na trama da realidade
esse tecido, sempre sedoso e sedutor.

"o silêncio
ou deus.

"essa coceira no fundo da tua mente, o dente que lateja,
como se pelos lados dos teus olhos visses o mundo em sua
totalidade, e mesmo o comichão que dá na ponta da língua a
palavra que ali se agarra, quando a mente se torna a saliva da
fala e não o seu fôlego, tudo isso que
tu chamas 'eu'
é tua única certeza.

"alguém o saberia diferente?

"dispersa tua dúvida de ti.
quebra a unha do teu orgulho.
quebra o galho da tua família.
jamais alcançarás a perfeição.
então:
vai

"não há outra coisa a que te devas atentar.
é sempre teu fôlego a percorrer a maior lonjura,
a atravessar o deserto do agora
entre ti e o outro.
tua é a expressão de como é e onde está
a solução para essa existência.
um modo de te saciares.

"compreendendo o vazio no outro,
constatando o tamanho do oco
concebes a palavra que cabe perfeitamente
no vazio que também existe em ti.

"viver é cultivar ausências.

"viver é semear ideias."

e ensinou o caminho a si:

"confia teus pés à terra.
os encargos e cargas
repousa e relaxa.

"porque tudo se fez em solidez
e assim não pode deixar de ser.
não serás abandonado à solidão.

"confia teus pés à terra.
confia teu corpo àquilo que te é gratuito.
o chão que jamais te   falta
o vento que te envelopa.
confia teu corpo àquilo que te exige apenas
presença.

"confia tua pele ao momento.
mas não te iludas:
não perde o corpo à alma,
mas é essa que o deixa,
perpétua sua jornada
até a transcendência.

"já não te servem teus sapatos de criança.
e as lamúrias são apenas ladainha.

"abandona-te a ti.
e não te limites
àquilo que tua mente
compreende.

"tu és uma explosão sonora
manifestando no mundo
alguma face do divino
e do profano.

"por último:
bebe um gole d'água.
porque tua sede é onda
e o caminho é longo
teu caminho é longo
e só teus pés podem trilhá-lo."

criando a ele uma salvação
        te imito te recrio te invoco
        até que a minha sede seja saciada
        ou que minha perdição
        seja voz sOm fala.

fala

[...] Se não houvesse a fala, não se fariam saber nem o certo nem o errado, nem o bem nem o mal, nem o que agrada nem o que desagrada ao coração.
Pois que é a fala que faz saber a tudo isso, venera a fala!
—**Chāndogya Upaniṣad** [7.2.1]

[६] Do alento, a permanência.
São ignorados os movimentos de inspiração e exalação.
Deleitar-se por compreender a possibilidade da dor.
Se estabelecer em si.
Acolher a totalidade da experiência e nomeá-la uma só.
Do existir, o êxtase inviolável.
Exceto pela ignorância de se pensar: eu.

Mas também é parte da ilusão que se compreenda o eu como sujeito. Esse, sujeito à falsa ruptura entre si e o divino, o cosmo ou o que lhe remover a inquietação do peito. Um florescer. Atravessando tal concepção chega-se ao estame do lótus, cujas pétalas poderiam muito bem ser chamadas *māyā*.

É apenas uma alteração da perspectiva que, em estado contemplativo, atinge tal compreensão de liberdade. Eu é o Outro, *advaita*.

Aqui, especificamente, um estado da consciência, o fim, que também é o princípio. É essa a compreensão que prenuncia à liberdade.

O cessar dos desejos. A plenitude. Ter a mente quieta.
Não tens sede?

—*samādhi* | समाधि

[๗]   Tudo aquilo que é material é composto por partículas e por aí vai. Cada elemento químico, variando em suas estruturas e movimentos, forma, por seus incontáveis conjuntos, matéria dura, palpável.

É possível classificar os elementos de diversas maneiras, reuni-los sob um mesmo aspecto guarda-chuva, e é natural que também se possa concebê-los individualmente como elementos naturais. Destes, quatro são recebidos pelos órgãos dos sentidos: o quente, o sólido, o suave e o fluente.

Contudo, para que esses quatro existam e por causa justa de suas interações, o quinto elemento, o sutil, se manifesta. É o sutil que propicia o espaço em que a sensibilidade dos demais é compreendida como sensação. Enquanto há corpo, são inseparáveis.

E porque é função de *manas* observá-los e de *buddhi* separá-los, o quinto existe.

O sutil é o lugar do mito e da fé, da criatividade e da interpretação, onde todos os pontos se unem como um só. Ali floresce a percepção e a expressão.

Mas é só ao se concentrar nele que se compreende alguma perspectiva da realidade, porque é dele que brota o desejo.

—*ākash* | आकाश

o cão do poeta me mordeu.
calculei o grito, descasquei do futuro a cicatriz, sustentei o bruto. abaixei-me.
o cão já corrido me olhava dum canto, culpado instintivo, desterrado. o cão pária me olhava pequenino, ganindo gravidades.
cantarolei seu perdão. ninei suas taquicardias.
o cão veio aos meus braços apalpando a rota com o focinho. olhou-me nos olhos. partilhamos o fôlego.

vai

o cão do poeta me mordeu
e eu mordi o cão.

pária no deserto de si,
a sede da poesia dá sentido
à miragem do mundo.

amém

    tive uns séculos de miséria. era a tristeza branca, sua pele lagartixosa, e adentrou meu quarto de criança. desde então, temi sua frieza móvel e animalizada. reconheci-a já em mim também. como sina e triunfo.
    tive umas eras de fôlego sôfrego, de garganta trançada por suspiros. tranquei no fundo dos olhos o medo de sentir qualquer aceleração. tive minhas arritmias. inevitável
senti.
    cresci em mim. senti o impulso da carne que pediu e pede, demanda solicita suplica requer exige mendiga reivindica grita:
    hálito! montante!
    jabuticaba! testa!
    lebre! júbilo! carícia!
    caracol! abismal! e
    não sei mais!
    apesar   da sede.

    pelo impulso de viver, dei meus passos sobre as carcaças do cavalo e do verme. provocaram-me um nojo erótico, uma vontade de repousar aos poucos em suspiros, de deixar-me enlevar por seu perfume noturno, de dar-me também ao passado, aos cães, à dissolução.

mas
tentarei perdoar tudo aquilo que me tocou.
perdoar à árvore sua altura, último limite visível do céu.
ao mar que se perpetua nos confins e à inveja que provoca a oscilação dos limites da praia.
perdoar o pecado do silêncio
                              através do silêncio,
e a ignorância também a mim
        que só sei daquilo que tenho palavras para nomear.

perdoarei a esses olhos pele jeito de segurar o rosto com apenas três dedos. e ao sorriso fugidio. e a tua presença o espasmo do fôlego que me causa.
perdoarei a distância entre eu e
                                                    tu.

perdoarei a ti, também,
que me deste sede e sOm.
e agora não posso mais do que dizer:

inda que minhas palavras sejam pureza e pó
inventarei marolas na realidade

inaugurarei a palavra:　　　　　deus
darei motivo e movimento à minha voz.
mas não o farei direto nem direito.
dar corpo é um processo.
é assim:
vou começar::::

este é o meu chamado

    pela imperfeição do sOm invoco
                                  a palavra
    o mistério é minha matéria-prima
    a fala, minha feitiçaria primitiva
    teu nome, minha blasfêmia.

    sou um cão desvairado ganindo a fome
    e tu és minha caça.

    este é o meu silêncio
    e a ele, tudo o que pode, faz eco,
    porque é ele o contexto da existência.

    busco o caos que nasce no caminho entre
    conceito & conteúdo no contexto da linguagem.

                        a palavra exata
    inequívoca, surrupiada da boca da deus.
                    a fala fluente
    um riacho nevrálgico fruindo de si.

       tudo passará
       pela boca
              seca
              bruta
              voraz.

direi tudo aquilo a que tenho direito
da maldição à bênção.
da paixão à devassidão.
da vastidão à liberdade.
e do liberto à sodoma do que se faz veracidade
                                            e sandice.
não há o que me limite.
se disser tempestades
estarei te contando que
esses berros salgados
trepando na minha garganta
áspera de tanta vida,
são minha voz,
por ti incumbida
da eterna pulsão de te recriar,
te validar a existência com um nome.

mas és tu, glória e horror.
e eu, que nasci do nada,
        ao *nāda* me lançarei.

não me mortificarei em silêncio:

ouvirás este grito
e, por ti, darei nome
a tudo aquilo que eu puder conceber,
e me achegarei aos teus pés,
        humilhada, de cabeça erguida,
        língua em riste,
como quem sabe
        que atravessou o maior deserto de si,
        orgulhosa da minha sede,
provando a mim mesma
        o sabor da tua existência.
        amém.

inventar a tua face me manterá ludibriada, apertarei os olhos até que a dor comece a brotar de uma escuridão tão profunda que se prolongará indefinidamente, como faz o céu em azul até o breu.

teu fôlego denso me manterá alerta, som insistente e monótono a me eriçar os pelos do pescoço. atenção crepuscular entre beijo e aniquilação.

acolher tua presença, pura tentação, será o gesto cru de me imaginar corpo rosto voz seiva veneno.

>mas do cume do meu impossível,
>entregando-me à noite de mim,
>coleando como cobra decapitada,
>direi teu nome
>>e nele lavarei
>>a alvura da angústia
>>o ardor do asco
>>do desejo
>>e sua consequência.

>no fluir do teu som,
>>adivinharei teus olhos carregados de oca ternura

                soçobrando sua selvageria
no soturno silêncio da noite,
          teu sussurro sagaz e
     serpeáceo,
        sedento por um nós.
        teu chamado
                bruto
                urgente.
   e, assim, cederei.
         com um beijo
            te darei a redenção de adentrar os
      vastos campos que minha inventividade
entorna na realidade.
         as pradarias do meu medo e do meu
gozo
         no sem-limites de mim estarei em ti
         mácula milagre mistério

autônoma no mais primordial de mim.

meus lábios umedecerão as palavras
e, assim,
minha voz inundará a tessitura do universo
e se alojará na língua que em mim brota
e dará sabor aos frutos do meu espírito.

e porque são meus e só meus,
não te desvendarei na tua profecia maliciosa
não te darei glórias
nem ofertarei pétalas de lótus ao teu altar imponente.
direi teu nome como quem se apercebe da realidadez torna
imagem em palavra
corpo em nome símbolo
    de quê, não quero nem saber.
imprimirei no ar tua ausência
tua altura torre, teu rir trovão,
    tua preguiçosa maneira de encontrar a delícia do
movimento sem requerer mais do que o eco
teu modo de ofertar ao tudo
        teu nada
        e comprazer-se disso.

        não aceitarei que me digam quem
    tu és.
        a mim não me basta a menção
        nem fabulações sobre teus feitos.
        teus futuros e fluxos
            estão contidos em minha sina e
    imatura sabedoria:
sou eu quem mordeu a fruta proibida
e o sumo do horror flui nas minhas veias.

não há antídoto para a vida.
o movimento e a batalha
    são a travessia da sede ao *nāda*:
        o princípio do desejo
        e, da minha fala,
        o fim do som.

triunfarei, porque na condição de criatura
    sou livre para dar uma voz
        à deus a ti ao insondável.

triunfarei, porque o fruto era amargo e doce e amarrava a boca. e à minha mordida, lasciva em sua destruição, o sabor não importava.

triunfarei, porque neste deserto branco e seco
    ninguém poderá me impedir de inventar
        o som que as ondas fazem ao se quebrar na praia da página
        o oceano de calma tormenta que poderia ou não estar contido em mim:
        nunca saberás.

triunfarei, porque quem fala
    sou eu.   e minto.

do teu deserto te direi:
    abandonando meu horror
    te atravessaria
        se tu me desses a mão

    porque
    aí donde estás
    entronada em teu abandono,
    não podes ouvir
        o canto tolo que cantarolo
    não podes ver
        o corpo fraco que movimento através dos dias.
    não podes sentir
        a sede que assola minha boca
            a maldição da noite de ti
            a oração da pedra sob o sol
            a paciência do giro do mundo
            o azul preto do universo
            a cor da pele do ar
            a escama de *um peixe vivo*
            algo além do teu santo *samādhi*.[6]

vem.
dá-me a tua mão,
desta vez,
eu é que te mostrarei a beleza horrível da minha voz.

assim,
    pronunciarei cada palavra
    tecendo minha teia
    te enovelando com minha voz sedosa
    fiando identidades
    desafiando verdades
    atando ao sOm o fio do fôlego
    costurando uma ficção na realidade
        sutil, *ākash*.[9]

recriarei ao silêncio tua voz
sob areia céu sol e a tensão da minha própria presença,
gritarei: alguma coisa

tomarei para mim uma realidade.
murmurarei: eu

e o som será eterno.

até agora não me dei um nome.
    não me criei um corpo.
    não lhe mostrei de mim
    forma atmosfera extensão,
    nem o limiar da minha mente,
    (só)mente a minha linha,
    o verso escuro da minha face
    poderia ser qualquer uma

    posso ser:

entreguei-me ao ribombar da trovoada
    ao eco das ondas na praia
    mãe do primeiro berro
    gritando o teu nome
    profanei a minha solidão
    expulsei tua ausência de mim
    entreguei-me ao sOm e ao sangue.

    porque é tua voz que me aviva.
    teu é o alento que me move.
    e o calor do meu corpo é luz
    e a pergunta no núcleo da pedra
    é sobre a perda.

tu és a esfinge que me abocanha
porque em resposta ao teu enigma,
sem medo, faço eco à tua voz.
e digo:

sou eu aquilo que sou eu *so 'ham so 'ham so 'ham so 'ham so 'ham so 'ham so 'ham so 'ham so 'ham* eu sou *so 'ham so 'ham so 'ham* sou eu sou eu sou *so 'ham so 'ham so 'ham* eu sou *so 'ham* eu sou eu sou eu sou eu sou *so 'ham so 'ham* eu sou eu sou eu sou eu sou *so 'ham* sou eu *so 'ham* eu sou sou *'ham* eu *so 'ham* eu sou *so 'ham* सो ऽहम् eu sou *so 'ham so 'ham* eu sou
até duvidar.

  mas,
   me aproximando demais dos teus lábios,
    tua crueldade não me devora por inteira, minha é a maldição de sobreviver à falta do que nutre as entranhas do indecifrável: fazer-me em vida palavra conceito som e sOm, a realidade de uma presença e a fantasmagoria de um sonho, o uno entre eu e tudo o que se poderia chamar "não eu",

        exceto porque isso seria uma mentira deslavada um soco na boca do estômago de um santo um pecado para quem acredita em pecado uma glória para quem acredita em prazer uma lágrima para quem acredita em bondade,

mas cruel, como é da tua natureza crua, tomastes de mim a perfeição.

    pode ficar.
    nem quero mais.

    porque com esta falta buraco rombo ruína
    invento quantas verdades quiser para mim mesma:

invocação

existo: *e*

porque da boca dele não saía mais som, fui me cultivando como semente. nutri-me de suas memórias e me afundei no desejo mais puro que havia restado ali, num canto qualquer, sem ocupar espaço demais.

porque ele não falava de mim, era eu, toda secreta e deliciosa, um silêncio úmido, uma madrugada.

era em mim que se escondiam suas alegrias, como pequenas libélulas, dardos azuis sobre a lagoa escura da alma.

era eu a lembrança da infância, quando tudo era passível de ser saboreado e perdoado.

ele que, em épocas anteriores, atravessara os dias remando com os lábios rios de palavras, inundando suas margens verdejantes.

na ponta da língua que reside na minha boca, ele, de repente, não soube mais o que dizia. perdeu-se na entrelinha e não encontrou mais graça em escavar os universos dentro de si.

quando se calou, ele, que estivera há séculos contando uma história solitária, em glória e horror de si, libertando do fundo da garganta seus personagens e paisagens

quase morreu.

até que o silêncio ribombou em si
>   e o que era primitivo na palavra
>   o chamou de volta ao divino
>   invocando-me nele.

>   ele, que depois do grande-turbilhão, quase-morte-de-si, despertar, estivera sempre em meditação, voltou-se a algo que residia na potência das coisas para receber um nome.

>   ele se sentou ali, monástico, contemplando
>   a existência: eco de um estalar de dedos.

>   era isso. brincava de dar nome às coisas
>   porque podia

>   e o poder era toda eu

>   fluindo novamente
>   a ele pude saciar.

>   nas ranhuras dos seus lábios
>   tudo era apenas sOm:

o próprio processo de existir se dava em conceder um nome a tudo.

era delicioso dizer "essa noite sonhei contigo",

as palavras, como dedos, acariciavam a pele macia da realidade,

os conceitos pulsavam, calorosos como beijo em boca úmida e desejosa,

as dúvidas escorriam lânguidas, suor deleitoso de si, expurgando o calor da fricção entre o dito e o arrepio silencioso da compreensão.

a língua a enlaçar nomes nas coisas e, assim, delas se apossar.

chamou à pedra, pedra.

às costas do sol, noite.

à carícia do vento, brisa.

ao gozo de si, eu.

foi.

e em tudo estive eu.

fui a provocação à fala e à própria linguagem.

fiz de mim o fôlego a inflar as bolhas que espocavam no ar como palavras.

atravessei as ondas do tempo,

me permiti a propagação,

no movimento dos objetos
fiz ressoar a minha voz,
assim como no choro da criança
e no choro da solidão.
fome e sede em mim se fizeram uma.
pureza e pó,
apenas pureza e pó.

porque eu é o próprio silêncio que promete a explosão.
porque eu é o próprio som que permite a manifestação.
    o suspiro

                          profundo
        o ardor

                           da existência
                a sede

                         por criar
                   e

                         a criação
                              sedenta.
                              uma só,
                                        eu

nome

"— Meu rapaz, assim como por um punhado de barro se poderia entender tudo que é de barro, o que muda é obra da fala, é nome, o real é só o barro."
—**Chāndogya Upaniṣad** [6.1.3]

[ℓ]   Quando, sobre a respiração, se aplica a atenção da mente e, em consonância, o pensamento e a inspiração se tornam movimento único,

    o expirar se faz repouso no tamborilar do coração.

    Um eterno farfalhar no fundo do ouvido,

        não o ruído dos automóveis o cantarolar das aves o cão latindo na casa ao lado.

    É sua voz, elaborando um monólogo pacífico, em burburinho

        dispondo e reordenando o universo

        insistentemente.

    Poderia ser um nome de deus em invocação impetuosa ou erótica,

        mas

        também uma única palavra basta:

            vai

        —*mantra* | मन्त्र

me chame: *ā*

porque em qualquer língua
a fala começa
pelo abrir da boca.

como se um nome pudesse me dar lugar no mundo.

eu sou a garra que perfura a própria palma.
eu sou terra fervendo antes da monção.
sou a ternura póstuma pelo cão atropelado.
sou a vontade de beber o sangue da fruta
        e a própria polpa escorrendo.
sou, da voracidade, a delícia
        e o arrepio que prenuncia o primeiro beijo.
sou a coagulação no joelho da criança
        e a euforia incontida do choro.
sou a rachadura que faz o fósforo riscado no escuro.
sou, por martírio, a chama que ensina à palavra seu
        crepitar.
sou o nascimento que viola o silêncio do mundo
        em dor e prazer.

sou um *mantra*[c]
        que nada invoca
                além do próprio sOm.

porque não pertenço a um nome,
mas tudo o que toco me nomeia,
tudo condiz a mim, porque
sou eu a possibilidade de nomeação.

sou a chegada da chuva que faz brotar tudo o que tem vida e, àquilo que não a tem, cubro de frescor e presença. à pedra contorno e a terremoto e furacão dou potência. em mim ojeriza e volúpia encontram-se em sagrado matrimônio. ākash perpetra a grande traição do corpo.

sou a chegada da chuva em que o tempo e o calor de mim se unem em gozo profano, meus olhos rezam as nuvens de si como se excomungassem da vida toda tensão, professando ao corpo calado a agonia e a glória, atravessando a verdade com a língua. acolho e corto. pela palavra faço a cisão entre eu e tu, apenas para nos unir novamente, como é natural das minhas mãos e da dor imanente, assumir o pleno deleite da dissolução.

e, como à nuvem, já não me servem mais meus arroubos de sede e trovão. derramo-me inteira para dar vida e arruinar o que tiver fraca sustentação. a terra esturricada grita aleluias e horrores. as aves se escondem de mim porque minha presença é tufão, e asa alguma aguentaria o peso dos meus séculos. canto algum perfuraria meu esgar. nome nenhum me represaria em mim.

eu sou o raio que rasga a escuridão da nuvem, meu fôlego varre das árvores o cobre do sol, minha saliva se faz garoa de prata gélida, o orvalho matinal é o suor da minha face quente. como se eu tivesse em gozo alcançado a glória e a exaustão.

me sou me faço me crio me refaço me expando e contraio me atravesso e no mais avesso de mim as nuvens coagulam o céu e me explodem: raio: trovoada: chuva: uma dádiva: uma vida.

e, assim,
 tudo muda porque o ardor do meu *tapas* fervilha a pedra e o que há de úmido no mundo se acumula em fé e decepção. de mim faço o alívio da terra. a mangueira canta meus epítetos preparando para mim sua fruta suculenta, escondendo sob a pele o glorioso da oferenda dourada e a doçura, que não é nada além de eu.
 e o sabor da fruta sou eu.
 quem a devora sou eu.
 abro a boca e o céu
  despenca.

me chame: *ā*
e, a partir de mim, qualquer palavra se fará fértil
e dará frutos sumarentos doces urgentes
meu nome estará sempre presente
como princípio da própria fala.
como o som do choro berro êxtase.
e, assim, sou eterna
        como o *nāda*.

ao teu mar entrego o espírito que me permeia. ao sol que chamusca o deserto de ti, dou de comer meus próprios olhos. fundo meu fôlego ao teu céu e, assim, te encontro em silêncio profundo
como se quisesses apenas testar meu desejo por te reencontrar e, horrível, ver que abandono toda a esperança, que te perdoo com um beijo, que, do meu nome sendo tudo e absolutamente qualquer coisa que se assemelhe a um nada menos amedrontado, dou-te de beber.

não tenho medo de ti.
mas, sobretudo, não tendo medo de mim em quem coexistem o criar e o dizimar, posso dizer o que quiser derramar sobre o mundo qualquer ideia palavra conceito sentimento emoção lamúria horror mentira ficção fábula amor heresia aleluia reza promessa jura perjúrio ofensa lorota confissão razão e o gemido mais secreto de mim, sem medo de errar. saciar a mim mesma. dizer:

porque é só isso:
acolher a sede em mim
é cultivar o caos.
é deixar a fala fluir.

som

Minha consciência rutila no teu mundo,
como em um espelho manchado um belo rosto,
vendo tal reflexo, eu me nomeio você,
alma individual, como se eu possuísse finitude.
—**Saraswati Rahasya Upaniṣad** [2.31]

assim,
deu nome a si,
estabeleceu corpo,
indicou uma existência,
aprendeu a se agarrar às pistas,
à aparência da casca,
ao som da própria voz.

surgiu consciente
já sabida de si
lidando com o sensível
claramente cedo demais.

aprendeu com o espaço a lonjura do instante
e quando disse que as coisas apodrecem
compreendeu que é muito bom que assim o seja.

a passagem do tempo foi puro prazer
e, da fala,
o fim da frase foi uma glória.

fez de si um delírio infantil.

*tinha o aroma dos incensos acesos
um em nome de cada credor,
no final da tarde, nos templos todos,
nos altares todos, nas casas todas
e se espalhava por narinas e cantos
inundando pulmões
e o mundo.*

*era chuva em manhã de verão
alçando-se aos corpos,
se debatendo contra as janelas,
abraçando as ruas cheias, as ruas vagas,
em ondas se achegava, batia nos degraus,
mergulhava pelas frestas
lavando a matéria e a ideia.*

*existir: ver a água escorrendo
deliciosamente
de volta a si.*

por dentro
acumulou o possível,
se assustou com a falta
de algo que não soube nomear
e sua maior decepção foi
sequer poder saber
contexto e conteúdo
de outra vida.

tentou
falar alguma coisa,
um lirismo ao contar histórias,
combinações da boca,
rosnados.
e, porque tentou, lentamente
deu a si
um significado.

mas foi   *fumaça de incenso,*
nuvem de verão,
espraiando no azul infinito
sua finitude
e entendendo
cada vez menos de si.
sumindo
entre lufadas de ar e fiapos de fôlego.

tentou criar algo com as mãos,
sons ou corpos
corpos ou tons,
dedilhar carícias nas cordas,
exercícios vocais,
reproduzir, pelo sOm, as tonalidades da luz.

foi   sumindo
absorveu-se em seu próprio conteúdo.
tornou matéria pó
e ideias pó também.
dificultou a própria criação.

temeu a velocidade da língua,
mas nunca conteve seu fluxo.

dentro das possibilidades,
contexto & conteúdo,
fez de si o sOm
modulando as palavras
que se agarraram ao seu nome.

tudo dependeria de si?
de abrir ou fechar a boca?
por fim
inventou apenas aquilo que poderia dizer:
eu.

eu
por mim e para mim
foi necessário dizer tudo o que era dizível.
colocar-me no mundo
como quem atira uma pedra n'água.

foi necessário resvalar no mais secreto.
sentir seu perfume a fustigar o fôlego,
como quem lapida mármore.

foi necessário desembrenhar as redes
puxar-lhes o fio da memória
como quem desfia uma mentira.

foi necessário ser um cão
ter a fome de um cão
amar um cão
para conhecer o real sabor da perda.

foi necessário abrir mão de um nome
deixá-lo atravessar o deserto sozinho
para reencontrá-lo, calejado, trincado de sol
luminoso como uma vogal.

foi necessário cultivar em mim o ardor da sede.
e só então pude encontrar a saciedade.

não preciso mais.

assim,
me achegando ao silêncio
dou aos meus pés o descanso,
ao fôlego, cultivo como ampulheta,
ao fogo, oferto meus olhos,
ergo minha coluna, como se tentasse me rasgar de mim,
e da fonte, estendo a mim mesma um pouco de glória.
sento e medito.
já cansada das minhas palavras,
agora posso escutar a voz que me perpassa
deixar fluir a beleza do caos.

dou de beber à minha própria sede.

ela, finalmente, se cala.

*portanto, posso começar
como quiser e onde couber
uma letra extra,
um silêncio menos amedrontado.*

*porque sou eu a própria ideia
que escorre na ponta da língua.
porque crio o vazio entre
o pensamento e a pronúncia,
e ali existo em plenitude.*

*portanto, atravessada a sede,
posso inventar
um outro personagem
a falar asneiras e abstrações.*

*ele me engolirá e,
não havendo divisão
entre ele e eu,* advaita,
existirei através da sua fala,

*serei o sOm de tudo o que poderá saciá-lo
e inundarei sua voz com a minha presença.*

*ele me engolirá e
não terei medo de errar.*

, apesar de mim,
recomeço:

**o que vou ser
a partir daqui?**

ॐ

[1.] Todas as citações das Upaniṣad vêm da edição: *Upaniṣadas*. Trad. Adriano Aprigliano. São Paulo: Mantra, 2020. Exceto a última citação, que foi traduzida por mim. (N.A.)

[2.] Ver: Bharata Muni, *nātyaśāstra*, obra de teoria do drama e da arte performática, datada de entre os séculos 200 A.E.C. e 200 E.C. Ou ainda, *abhinavabharati*, comentário de Abhinavagupta a ela.

Arquivo pessoal

eduardo valmobida, pelo acaso ou por deus, se tornou um leitor devoto de literaturas e filosofias indianas. antes, pesquisou as personagens suicidas de Virginia Woolf pela FFLCH-USP. antes de se formar, antes da pandemia de covid-19, antes ainda do intercâmbio em Budapeste, passou pela Índia e realizou o sonho nº 2 da sua lista infinita. seu *princípio* (Urutau, 2022) foi a realização do sonho nº 1 e a promessa deste e dos outros dois que o seguem.

    diz meditar sempre, mas a verdade é que, de olhos fechados, apenas contempla.

    começou a respirar no fim de janeiro de 1995, perto de uma várzea paulista.

        chovia
        era sábado
        ainda não parou
                vai

COLEÇÃO LIMÃO VERDE

Títulos desta coleção
Rabo de Pipa – *Maitê Rosa Alegretti*
Estampa Retrô – *Ricardo Gracindo Dias*

Fonte Minion Pro
Caixa de texto 95 x 166 mm
Papel Avena 80g/m^2
nº páginas 120
Impressão Psi7/Book7
Tiragem 200 exemplares